1 BLECH 50 REZEPTE

Aus dem Ofen auf den Tisch

Autor: Volker Eggers | Fotos: Klaus Arras

QUALITÄTS G|U GARANTIE

DIE GU-QUALITÄTS-GARANTIE

Wir möchten Ihnen mit den Informationen und Anregungen in diesem Buch das Leben erleichtern und Sie inspirieren, Neues auszuprobieren. Bei jedem unserer Bücher achten wir auf Aktualität und stellen höchste Ansprüche an Inhalt, Optik und Ausstattung. Alle Rezepte und Informationen werden von unseren Autoren gewissenhaft erstellt und von unseren Redakteuren sorgfältig ausgewählt und mehrfach geprüft. Deshalb bieten wir Ihnen eine 100 %ige Qualitätsgarantie.

Darauf können Sie sich verlassen:
Wir legen Wert darauf, dass unsere Kochbücher zuverlässig und inspirierend zugleich sind.
Wir garantieren:
- dreifach getestete Rezepte
- sicheres Gelingen durch Schritt-für-Schritt-Anleitungen und viele nützliche Tipps
- eine authentische Rezept-Fotografie

Wir möchten für Sie immer besser werden:
Sollten wir mit diesem Buch Ihre Erwartungen nicht erfüllen, lassen Sie es uns bitte wissen! Wir tauschen Ihr Buch jederzeit gegen ein gleichwertiges zum gleichen oder ähnlichen Thema um. Nehmen Sie einfach Kontakt zu unserem Leserservice auf. Die Kontaktdaten unseres Leserservice finden Sie am Ende dieses Buches.

GRÄFE UND UNZER VERLAG
Der erste Ratgeberverlag – seit 1722.

KV

INHALT

TIPPS UND EXTRAS

6 VEGETARISCHES

8
7
9
6
1
5
4
3
2

VEGETARISCHES

Veggie macht happy! Warum? Weil alles so schön bunt ist! Hier leuchten Ihnen Möhren, Paprika, Zucchini, Tomaten, Rosenkohl und viele andere Gemüsesorten vom Blech entgegen – mal orientalisch gewürzt, mal herbstlich-deftig mit Pilzen. Ein kulinarisches Fest für alle Sinne!

FRUCHTIGES OFENGEMÜSE

600 g vorwiegend festkochende Kartoffeln | 600 g Möhren | 3 Zwiebeln | Salz | Pfeffer | gemahlener Koriander | 4 EL Olivenöl | 1 Bund Petersilie (ersatzweise Koriandergrün) | 1 Dose Kichererbsen (425 ml) | 125 g getrocknete Aprikosen | 125 ml Orangensaft

Ein Hauch von Orient

Für 4 Personen | 1 Std. Zubereitung
Pro Portion ca. 335 kcal, 8 g EW, 11 g F, 48 g KH

1 Die Kartoffeln und Möhren schälen, waschen und beides in dicke Scheiben schneiden. Den Ofen auf 200° vorheizen. Die Zwiebeln schälen und in Spalten schneiden.

2 Die Kartoffeln mit den Möhren und Zwiebeln auf einem tiefen Backblech verteilen und mit Salz, Pfeffer und Koriander würzen. Das Olivenöl daraufträufeln und untermischen. Das Gemüse im heißen Ofen (Mitte) ca. 30 Min. backen.

3 Die Petersilie waschen, trocken schütteln, die Blättchen nicht zu fein hacken, die Petersilienstiele in kleine Stücke schneiden. Die Kichererbsen in ein Sieb geben, abbrausen und abtropfen lassen.

4 Die Kichererbsen, Petersilienstiele und Aprikosen unter das Gemüse mischen. Den Orangensaft angießen und das Ofengemüse in weiteren ca. 15 Min. zu Ende garen. Zum Servieren mit gehackter Petersilie bestreuen. Dazu schmeckt Tahin-Dip (siehe S. 4).

LAUWARMER OFENSALAT

Hier stand der italienische Panzanella-Salat Pate. Was ihn noch besser macht? Das knusprig gebackene Brot und kurz erwärmte Gemüse für noch mehr Aroma!

½ Ciabattabrot (ca. 175 g)
3 EL Olivenöl
Salz | Pfeffer
250 g Kirschtomaten
je 1 rote und gelbe Paprika
1 Dose weiße Riesenbohnen (425 ml)
30 g Pinienkerne
100 g Blattspinat (ersatzweise roter Baby-Mangold)
100 g Kapernäpfel

Für das Dressing:
1 Bio-Zitrone
2 EL Aceto balsamico bianco
1 EL mittelscharfer Senf
Salz | Pfeffer
1 Prise Zucker
5 EL Olivenöl

Dolce vita für den Gaumen

Für 4 Personen | 45 Min. Zubereitung
Pro Portion ca. 575 kcal, 24 g EW, 27 g F, 58 g KH

1 Den Backofen auf 200° vorheizen. Das Ciabattabrot in ca. 2 cm große Würfel schneiden und in eine Schüssel geben. Mit dem Olivenöl vermischen und mit Salz und Pfeffer würzen. Die Kirschtomaten waschen und halbieren. Die Paprikaschoten waschen, halbieren, putzen und in Würfel schneiden. Die Bohnen in ein Sieb geben, abbrausen und abtropfen lassen.

2 Die Pinienkerne auf einem Backblech verteilen und im Ofen (Mitte) in ca. 5 Min. goldbraun anrösten. Inzwischen für das Dressing die Zitrone heiß waschen, trocken tupfen und die Schale fein abreiben. Die Zitrone halbieren, eine Hälfte auspressen. Den Saft und die Schale mit Essig, Senf, Salz, Pfeffer und Zucker verrühren. Das Öl unterquirlen und das Dressing abschmecken.

3 Die Pinienkerne vom Blech nehmen und auskühlen lassen. Die Brotwürfel auf dem Backblech verteilen und im heißen Backofen (Mitte) in ca. 7 Min. goldbraun rösten, dabei einmal wenden.

4 Inzwischen den Spinat verlesen, putzen, waschen und trocken schleudern. Die Kapernäpfel längs halbieren. Die Kirschtomaten mit Paprika, Bohnen und Kapernäpfeln in einer Schüssel vermischen. Mit Salz und Pfeffer würzen. Zum Brot auf das Backblech geben, alles mischen und zusammen weitere ca. 3 Min. backen.

5 Den Ofensalat in eine große Schüssel geben. Den Spinat daraufgeben, mit dem Dressing beträufeln und kurz behutsam vermischen. Den Salat lauwarm auf Tellern anrichten. Mit Pinienkernen bestreut servieren.

WURZEL-PILZ-GEMÜSE

600 g Möhren | 600 g Pastinaken | 1 EL Waldhonig | 125 ml Cranberrynektar | 3 EL Olivenöl | 1 EL mittelscharfer Senf | Meersalz | Pfeffer | 400 g Champignons | 1 Bund Petersilie

Herzhaft

Für 4 Personen | 1 Std. Zubereitung
Pro Portion ca. 220 kcal, 6 g EW, 9 g F, 28 g KH

1 Die Möhren und Pastinaken schälen, waschen, der Länge nach vierteln, quer halbieren. Den Ofen auf 200° vorheizen. Honig, Cranberrynektar, Öl, Senf, Salz und Pfeffer miteinander verquirlen.

2 Die Honig-Gewürz-Mischung mit dem vorbereiteten Gemüse vermengen und alles auf ein tiefes Backblech verteilen. Das Gemüse im heißen Ofen (Mitte) ca. 30 Min. backen, dabei nach ca. 15 Min. Garzeit einmal wenden.

3 Die Champignons putzen und je nach Größe halbieren oder vierteln. Mit auf das Backblech zum Gemüse geben, alles mischen und in weiteren ca. 15 Min. zu Ende backen.

4 Die Petersilie waschen, trocken schütteln und die Blättchen hacken. Das Gemüse auf Tellern anrichten und mit der Petersilie bestreuen. Dazu schmecken Frischkäsecreme (siehe S. 4) und die Körner-Sonne (siehe in der Klappe vorne).

TIPP

Das Wurzelgemüse lässt sich natürlich nach Belieben und Saison variieren. Versuchen Sie doch auch mal Rote Bete, Sellerie, Steckrübe, Schwarzwurzel, Petersilienwurzel und Kartoffeln – erlaubt ist, was schmeckt!

ROSENKOHL-ZWIEBEL-BLECH

1 kg Rosenkohl | 1 Gemüsezwiebel (ca. 300 g) | 4 EL Olivenöl | Salz | Pfeffer | 250 g blaue kernlose Weintrauben | 50 g Walnusskerne | 1 Granatapfel | 125 ml Granatapfelsaft | 1 EL Honigsenf

Herbstlicher Genuss

Für 4 Personen | 1 Std. 10 Min. Zubereitung
Pro Portion ca. 510 kcal, 14 g EW, 20 g F, 69 g KH

1 Den Rosenkohl putzen und waschen. Große Köpfe halbieren, bei den übrigen Rosenkohlköpfchen den Strunk mit einem Messer kreuzförmig einschneiden. Den Backofen auf 200° vorheizen.

2 Die Zwiebel schälen, halbieren und in ca. 1 cm große Würfel schneiden. Den Rosenkohl mit den Zwiebeln und dem Öl in einer Schüssel mischen. Mit Salz und Pfeffer würzen. Die Trauben waschen, abtropfen lassen und von den Stielen zupfen.

3 Die Walnüsse auf ein tiefes Backblech geben und im heißen Ofen (Mitte) ca. 5 Min. rösten, dabei einmal wenden. Vom Blech nehmen und abkühlen lassen. Die Rosenkohl-Zwiebel-Mischung mit dem Öl auf dem Blech verteilen. Im Ofen (Mitte) 25 Min. backen und das Gemüse zwischendurch wenden.

4 Vom Granatapfel den Blütenansatz keilförmig herausschneiden. Die Granatapfelschale mehrmals vom Blüten- zum Stielansatz einschneiden. Den Granatapfel in Stücke brechen und die Kerne herauslösen. Den Granatapfelsaft mit dem Senf verquirlen. Die ausgekühlten Walnüsse grob hacken.

5 Die Trauben und Granatapfel-Senf-Mischung mit auf das Backblech geben und alles im Ofen (Mitte) weitere ca. 10 Min. backen. Den Rosenkohl mit Granatapfelkernen und Nüssen bestreuen. Dazu passt Schmand-Granatapfel-Sauce (siehe S. 4).

TOMATEN-PASTA AUS DEM OFEN

250 g Möhren | 1,25 l Gemüsebrühe | 1 Dose Tomaten (425 ml) | 100 g Sahne | 2 EL Pesto rosso (Glas) | Salz | Pfeffer | Zucker | 400 g Penne Rigate | 1 Bund Frühlingszwiebeln | 250 g Kirschtomaten | 75 g Parmesan

Nicht nur für Kinder

Für 4 Personen | 1 Std. Zubereitung
Pro Portion ca. 605 kcal, 22 g EW, 19 g F, 82 g KH

1 Den Backofen auf 200° vorheizen. Die Möhren schälen, waschen und in dünne Scheiben schneiden. Die Brühe erhitzen. Die Tomaten aus der Dose hacken, mit dem Saft in eine Schüssel geben und mit der Brühe, der Sahne und dem Pesto verrühren. Mit Salz, Pfeffer und 1 Prise Zucker würzen.

2 Die ungekochten Nudeln auf einem tiefen Backblech verteilen und mit den Möhren bestreuen. Den Brühe-Tomaten-Mix vorsichtig über die Nudeln gießen. Im heißen Ofen (Mitte) ca. 20 Min. backen, dabei nach ca. 10 Min. einmal umrühren.

3 Inzwischen die Frühlingszwiebeln putzen und waschen, in ca. 1 cm breite Ringe schneiden. Die Kirschtomaten waschen und abtropfen lassen. Den Parmesan entrinden und grob reiben.

4 Die Ofentemperatur auf 220° erhöhen. Die Frühlingszwiebeln und Kirschtomaten zu den Nudeln geben, gut untermischen und alles mit dem geriebenen Käse bestreuen. Im heißen Ofen (Mitte) weitere ca. 15 Min. backen, bis die Nudeln bissfest gegart sind und alles leicht gebräunt ist.

OFEN-GNOCCHI MIT PILZEN

150 g Kräuterseitlinge | 200 g Austernpilze | 250 g Kirschtomaten | 1 Knoblauchzehe | 150 g Appenzeller-Käse (ersatzweise Gruyère) | 50 g Kürbiskerne | 3 EL Olivenöl | 250 ml Gemüsebrühe | 200 g Sahne | Salz | Pfeffer | frisch geriebene Muskatnuss | 1 Packung frische Gnocchi (500 g; Kühlregal) | 1 großes Bund Schnittlauch

Herrlich cremig

Für 4 Personen | 40 Min. Zubereitung
Pro Portion ca. 675 kcal, 22 g EW, 41 g F, 52 g KH

1 Den Backofen mit eingeschobenem tiefen Backblech (Mitte) auf 220° vorheizen. Die Pilze putzen, mit Küchenpapier oder Pinsel säubern und in mundgerechte Stücke schneiden. Die Kirschtomaten waschen und abtropfen lassen. Den Knoblauch schälen und hacken. Den Käse grob reiben.

2 Die Kürbiskerne auf dem Blech verteilen und 3–4 Min. anrösten, vom Blech nehmen und abkühlen lassen. Das Öl auf dem Blech verteilen und im Ofen (Mitte) erhitzen. Die Pilze darauf verteilen und ca. 3 Min. anbraten, dann den Knoblauch zufügen, die Pilze wenden und weitere 3 Min. braten.

3 Die Brühe erhitzen, die Sahne unterrühren und mit Salz, Pfeffer und Muskat würzen. Die Gnocchi mit auf das Blech geben und den Sahne-Mix angießen. Im Ofen (Mitte) weitere ca. 10 Min. garen.

4 Die ausgekühlten Kürbiskerne grob hacken. Den Schnittlauch waschen, trocken schütteln und in feine Röllchen schneiden. Die Kirschtomaten zu den Gnocchi geben und alles mit dem geriebenen Käse bestreuen. Im Ofen (oben) weitere ca. 10 Min. backen. Die Ofen-Gnocchi mit Kürbiskernen und Schnittlauch bestreuen.

GEFÜLLTES GEMÜSE

Das bunte Potpourri aus Aubergine, Zucchini und Spitzpaprika ist mit knackigen Walnüssen gefüllt und mit reichlich Käse goldbraun überbacken.

1 Aubergine (ca. 280 g)
Salz
2 Zucchini (à ca. 200 g)
2 rote Spitzpaprika (ca. 250 g)
2 Tomaten
1 Dose Artischockenherzen (425 ml)
200 g Emmentaler
75 g Walnusskerne
1–2 EL Semmelbrösel (ca. 15 g)
2 EL Olivenöl
Pfeffer
gemahlener Kreuzkümmel

Mediterraner Genuss

Für 4 Personen | 1 Std. Zubereitung
Pro Portion ca. 440 kcal, 21 g EW, 33 g F, 13 g KH

1 Die Aubergine waschen, putzen, längs halbieren und das Fruchtfleisch rautenförmig einschneiden, dabei rundherum einen ca. 1 cm breiten Rand lassen. Die Schnittflächen mit etwas Salz bestreuen und die Auberginen ziehen lassen.

2 Die Zucchini waschen, längs halbieren, das Fruchtfleisch mit einem Löffel herausschaben und hacken. Die Paprika waschen, längs halbieren und die Kerne und weißen Fruchthäute entfernen. Die Tomaten waschen, vierteln, entkernen und würfeln. Die Artischocken abtropfen lassen und in Spalten schneiden. Den Käse grob reiben. Die Nüsse hacken.

3 Den Backofen auf 200° vorheizen. Die Auberginen trocken tupfen, das Fruchtfleisch aus der Schale lösen und hacken. Mit Zucchinifruchtfleisch, Tomaten, Walnüssen, Semmelbröseln, Olivenöl und der Hälfte vom Käse in einer Schüssel mischen. Mit Salz, Pfeffer und Kreuzkümmel würzen.

4 Die Gemüse-Nuss-Mischung in die Gemüsehälften füllen und diese in ein tiefes Backblech setzen. Die Artischockenspalten auf dem gefüllten Gemüse verteilen und mit dem übrigen Käse bestreuen. Im Ofen (Mitte) in ca. 30 Min. goldbraun backen.

TIPP **Lust auf noch mehr Urlaubsfeeling? Dann reichen Sie als perfekte Ergänzung zum gefüllten Gemüse doch auch den Joghurt-Oliven-Dip (siehe S. 4).**

PAPRIKA MIT BULGUR UND FETA

400 ml Gemüsebrühe | 200 g Bulgur (Instant) | Salz | Pfeffer | 3 rote Spitzpaprika (ca. 300 g) | 3 grüne türkische Spitzpaprika (ca. 300 g) | 2 Knoblauchzehen | 100 g Haselnusskerne | je 1 Bund Petersilie und Dill | 4 EL Olivenöl | gemahlener Koriander | 200 g Feta-Käse

Sommerwürzig durch Kräuter

Für 4 Personen | 1 Std. 15 Min. Zubereitung
Pro Portion ca. 580 kcal, 19 g EW, 36 g F, 41 g KH

1 Die Brühe aufkochen. Den Bulgur in eine Schüssel geben, mit der Brühe übergießen, mit Salz und Pfeffer würzen und zugedeckt ziehen lassen. Inzwischen die Paprikaschoten waschen, längs halbieren, die Kerne und weißen Fruchthäute entfernen. Den Knoblauch schälen und hacken, Haselnusskerne hacken. Die Petersilie und den Dill waschen, trocken schütteln und die Blätter hacken.

2 Den Backofen auf 200° vorheizen. Den Bulgur mit einer Gabel auflockern und mit Knoblauch, den Haselnüssen, 2 EL Öl, Petersilie und Dill vermischen. Mit Salz, Pfeffer und Koriander würzen und abschmecken. Den Feta zerbröckeln, unterheben.

3 Die Mischung in die Paprikaschoten füllen, leicht andrücken. Die Schoten nebeneinander auf ein tiefes Backblech setzen. Die gefüllten Paprika mit 2 EL Olivenöl beträufeln und 200 ml heißes Wasser angießen. Im Ofen (Mitte) in ca. 35 Min. leicht gebräunt backen. Dazu schmeckt Tahin- oder Joghurt-Oliven-Dip (siehe S. 4).

GEMÜSECURRY MIT TOFU

300 g TK-Erbsen | 1 EL Öl | 3 TL Currypulver | 100 g Cashewkerne | Salz | 1 kleiner Blumenkohl | 1 Dose Kokosmilch (400 ml) | 1 Packung passierte Tomaten (500 g) | Pfeffer | 1 Dose Kichererbsen (425 ml) | 250 g geräucherter Tofu

Raffiniert einfach

Für 4 Personen | 1 Std. Zubereitung
Pro Portion ca. 575 kcal, 28 g EW, 40 g F, 27 g KH

1 Den Backofen auf 220° vorheizen. Die Erbsen antauen. Das Öl mit 1 TL Curry verrühren und die Cashewkerne darin wenden. Mit Salz würzen, auf einem tiefen Blech verteilen und im Ofen 4–5 Min. rösten, zwischendurch wenden. Die Cashewkerne vom Blech nehmen und abkühlen lassen.

2 Die Ofentemperatur auf 200° reduzieren. Den Blumenkohl putzen, waschen und in Röschen teilen. Die Kokosmilch schütteln und mit Blumenkohl, Tomaten, übrigem Curry, Salz und Pfeffer auf ein tiefes Blech geben. Alles gut vermischen und im Ofen (Mitte) ca. 20 Min. backen.

3 Die Kichererbsen abgießen und abtropfen lassen. Den Tofu längs halbieren und in ca. 1 cm dicke Scheiben schneiden. Beides zum Blumenkohl geben und weitere ca. 10 Min. garen, zwischendurch umrühren. Die Erbsen zugeben und alles weitere 10–15 Min. backen. Die Cashewkerne grob hacken. Das Curry abschmecken und mit den Kernen bestreuen. Dazu schmeckt Naan-Brot.

TIPP

Das Kokosfett in der Kokosmilch schmilzt erst bei über 20°. Deshalb am besten auf das Blech geben und im Ofen schmelzen lassen, damit es sich gut mit Gewürzen & Co. verrühren lässt.

ORIENTALISCHE AUBERGINEN

4 Auberginen (ca. 1 kg) | Salz | 3 Frühlingszwiebeln | 100 g schwarze Oliven (entsteint) | 2 Knoblauchzehen | 6 Stiele Thymian | 2 Dosen stückige Tomaten (à 425 ml) | Pfeffer | Baharat-Gewürzmischung (ersatzweise Pfeffer, Paprikapulver, Muskat, Nelken, Kreuzkümmel und Koriander) | 6 EL Olivenöl | 200 g Schafskäse (Feta)

Urlaubsfeeling pur

Für 4 Personen | 1 Std. 30 Min. Zubereitung
Pro Portion ca. 415 kcal, 14 g EW, 34 g F, 13 g KH

1 Die Auberginen waschen, trocken reiben, putzen und in ca. 7 mm dicke Scheiben schneiden. Auf beiden Seiten mit Salz bestreuen und ziehen lassen. Die Frühlingszwiebeln putzen, waschen und in Ringe schneiden. Die Oliven vierteln. Den Knoblauch schälen und hacken. Den Thymian waschen, trocken schütteln und die Blätter hacken.

2 Frühlingszwiebeln, Oliven, Knoblauch, Thymian und Tomaten mischen, mit Salz, Pfeffer und Baharat würzen. Den Ofen mit eingeschobenem tiefen Backblech (Mitte) auf 220° vorheizen. Die Auberginen trocken tupfen. Etwas Öl auf dem Blech erhitzen. Die Auberginen darin portionsweise je Seite 2–3 Min. anbraten, dabei zwischendurch wenden. Vom Blech nehmen und etwas abkühlen lassen.

3 Die Auberginenscheiben dachziegelartig auf dem Blech verteilen. Mit Salz und Pfeffer würzen, dann de Tomatensauce darüber verteilen. Den Schafskäse grob zerbröckeln und daraufstreuen. Die Auberginen im Ofen (Mitte) ca. 20 Min. backen.

TIPP

Die Auberginen am besten mit einer Aufschnittmaschine oder einem Gemüsehobel in lange Scheiben schneiden.

MAROKKANISCHES COUSCOUS-GEMÜSE

1 Gemüsezwiebel (ca. 250 g) | 3 Knoblauchzehen | 300 g Möhren | 1 Zucchini (ca. 250 g) | 2 rote Paprika | 1 Bio-Zitrone | 4 EL Olivenöl | Salz | Pfeffer | Chilipulver | gemahlener Kreuzkümmel | gemahlener Zimt | 1 Bund Petersilie | 500 ml Gemüsebrühe | 100 g Rosinen | 200 g Couscous

Ein Hauch von Orient

Für 4 Personen | 1 Std. Zubereitung
Pro Portion ca. 395 kcal, 10 g EW, 11 g F, 63 g KH

1 Den Ofen auf 200° vorheizen. Die Zwiebel schälen, halbieren und in schmale Spalten schneiden. Den Knoblauch schälen und hacken. Die Möhren schälen, längs halbieren und in ca. 5 cm lange Stücke schneiden. Zucchini und Paprika waschen und putzen. Die Zucchini längs vierteln und in Stücke, die Paprika in breite Streifen schneiden.

2 Die Zitrone heiß waschen, trocken reiben, die Schale abreiben, Zitrone auspressen. Auf einem tiefen Blech 2 EL Öl im Ofen (Mitte) erhitzen, Zwiebel und Knoblauch darin 5 Min. anbraten. Gemüse zufügen und mit Salz, Pfeffer, Chili, Kreuzkümmel, Zimt, der Hälfte der Zitronenschale und 2 EL Öl vermischen. Alles weitere ca. 25 Min. backen.

3 Die Petersilie waschen, trocken schütteln, die Blätter hacken und die Stiele fein schneiden. Die Brühe aufkochen. Die Rosinen mit dem Couscous in eine Schüssel geben, mit 300 ml Brühe übergießen und zugedeckt ziehen lassen.

4 Den Couscous, die übrige Brühe sowie die Petersilienstiele unter das Gemüse heben. Alles weitere ca. 5 Min. backen. Das Gemüse mit Zitronensaft beträufeln und abschmecken. Mit Petersilie und übriger Zitronenschale bestreuen.

PFANNKUCHEN-PIZZA

150 g Mehl | Salz | Pfeffer | 1 TL getrocknete italienische Kräuter | 125 ml Milch | 5 Eier (M) | 1 Zwiebel | 1 Knoblauchzehe | 250 g stückige Tomaten (Dose) | 2 EL Tomatenpesto (Glas) | 125 g Mozzarella | 100 g Parmesan (am Stück) | 3–4 Tomaten | 1 Zucchini (ca. 175 g) | 75 ml kohlesäurehaltiges Mineralwasser | 1 Dose Artischockenherzen (425 ml) | 75 g schwarze Oliven (entsteint) | 30 g Rucola | Öl zum Bestreichen

Crossover-Küche

Für 12 Stücke | 45 Min. Zubereitung
Pro Stück ca. 200 kcal, 11 g EW, 12 g F, 13 g KH

1 Den Ofen mit eingeschobenem tiefen Backblech (Mitte) auf 200° vorheizen. Das Mehl in einer Schüssel mit Salz, Pfeffer und Kräutern vermischen. Die Milch und Eier hinzufügen und alles zu einem glatten Teig verrühren. Den Teig zugedeckt quellen lassen.

2 Die Zwiebel und den Knoblauch schälen und beides fein würfeln. Mit den stückigen Tomaten und dem Pesto verrühren. Mit Salz und Pfeffer würzig abschmecken. Den Mozzarella grob, den Parmesan fein reiben.

3 Die Tomaten waschen und in Scheiben schneiden, den Stielansatz herausschneiden. Die Zucchini waschen, putzen und ebenfalls in Scheiben schneiden. Das Mineralwasser in den Teig rühren. Das Blech mit Backpapier belegen, mit Öl bepinseln, den Teig gleichmäßig darauf verteilen und im Ofen (Mitte) ca. 10 Min. backen. Inzwischen die Artischockenherzen abtropfen lassen und vierteln.

4 Die Ofentemperatur auf 220° erhöhen. Den Pfannkuchen mit der Tomatensauce bestreichen. Mit Tomaten, Zucchini, Artischocken und Oliven belegen und mit Pfeffer würzen. Mit Mozzarella und Parmesan bestreuen. Im Ofen (oben) weitere ca. 10 Min. backen. Den Rucola putzen, waschen, trocken schleudern und grob hacken. Auf die Pfannkuchen-Pizza streuen und servieren.

CHEESY MAKKARONI

400 g kurze Makkaroni | 600 ml Gemüsebrühe | 750 ml Milch | Salz | Pfeffer | edelsüßes Paprikapulver | 200 g mittelalter Gouda | 100 g Parmesan | 75 g Semmelbrösel | 50 g weiche Butter

Herrlich cremig

Für 4 Personen | 45 Min. Zubereitung
Pro Portion ca. 880 kcal, 40 g EW, 37 g F, 94 g KH

1 Den Backofen auf 200° vorheizen. Die Makkaroni in einem tiefen Backblech verteilen. Die Brühe erhitzen, mit der Milch mischen und mit Salz, Pfeffer und Paprika würzen. Über die Makkaroni gießen und diese im Ofen (Mitte) ca. 30 Min. backen, dabei mehrfach umrühren.

2 Den Gouda grob und den Parmesan fein reiben. Den Parmesan mit den Semmelbröseln mischen. Den Ofengrill zuschalten und das Blech aus dem Ofen nehmen. Den Gouda unter die Nudeln rühren und alles wieder gleichmäßig auf dem Blech verteilen. Die Brösel-Mischung daraufstreuen und mit Butterflöckchen belegen. Die Nudeln unter dem Grill (Mitte) in 5–10 Min. goldbraun überbacken.

BUNTES KRÄUTER-GEMÜSE

800 g Kartoffeln | 3 rote Zwiebeln (200 g) | 3 junge Knoblauchzehen | Salz | Pfeffer | 5 EL Olivenöl | je 1 rote, gelbe und grüne Paprika (500 g) | 1 Zucchini (ca. 250 g) | ½ Bund Thymian | 2 Zweige Rosmarin

Einfach und gut

Für 4 Personen | 1 Std. Zubereitung
Pro Portion ca. 260 kcal, 6 g EW, 13 g F, 30 g KH

1 Den Ofen auf 200° vorheizen. Die Kartoffeln schälen, waschen und halbieren oder vierteln. Zwiebeln und Knoblauch schälen, die Zwiebeln in Spalten schneiden. Alles auf ein tiefes Blech geben und mit Salz und Pfeffer würzen. Mit dem Öl vermischen und im Ofen (Mitte) ca. 15 Min. backen.

2 Die Paprika waschen, halbieren, putzen und in Streifen schneiden. Die Zucchini waschen, putzen, längs vierteln und in Stücke teilen. Den Thymian und Rosmarin waschen, trocken schütteln und die Blättchen bzw. Nadeln abzupfen. Alles zu den Kartoffeln auf das Blech geben, mit Salz und Pfeffer würzen und in ca. 35 Min. fertig backen.

GEFLÜGEL UND FLEISCH

Wem der Sinn mehr nach Fleisch steht, der ist hier genau richtig: Deftige Spieße, gefüllte Mini-Buletten, knuspriges Kräuterhähnchen und mehr Köstlichkeiten von Rind, Schwein, Lamm & Co. lassen keine Wünsche offen.

BBQ-BLECH

200 g Lammlachs | 200 g Schweinenacken | 300 g Champignons | 16 frische Lorbeerblätter | 1 Knoblauchzehe | je 1 EL mittelscharfer und körniger Senf | 100 ml dunkles Bier | Salz | Chilipulver | 1 EL brauner Zucker | 600 g festkochende Kartoffeln | Pfeffer | 4 EL Olivenöl | 1 Bund Frühlingszwiebeln | 500 g kleine Tomaten

(Fast) wie frisch gegrillt

Für 4 Personen | 1 Std. 15 Min. Zubereitung | 1 Std. Marinieren
Pro Portion ca. 410 kcal, 25 g EW, 21 g F, 28 g KH

1 Das Fleisch in je 8 Würfel schneiden. Die Champignons putzen. Das Fleisch mit den Pilzen und Lorbeerblättern auf Spieße stecken. Den Knoblauch schälen und hacken. Aus Knoblauch, Senf, Bier, Salz, Chilipulver und Zucker eine Marinade rühren. Die Spieße damit bestreichen und 1 Std. ziehen lassen.

2 Den Backofen auf 200° vorheizen. Die Kartoffeln waschen, in Spalten schneiden, auf ein tiefes Blech geben, salzen, pfeffern, mit dem Öl mischen und im Ofen (Mitte) ca. 25 Min. backen.

3 Die Frühlingszwiebeln putzen, waschen und in Stücke schneiden. Die Tomaten waschen, putzen und halbieren. Die Kartoffeln an den Rand des Blechs schieben. Die Spieße aus der Marinade nehmen und mittig auf das Blech legen. Die Tomaten und Frühlingszwiebeln dazugeben und alles salzen und pfeffern. Die Spieße mit dem Gemüse 15–17 Min. backen, dabei zwischendurch mit der übrigen Marinade bestreichen. Dann den Backofengrill zuschalten und die Spieße in ca. 3 Min. leicht bräunen.

CAJUN-HUHN MIT SÜSSKARTOFFELN

Auf in die Südstaaten: Das zarte Hähnchenfilet erhält durch Cajungewürz seinen typischen Geschmack. Mit Süßkartoffeln und Butternut ein echt würziges Vergnügen.

400 g Hähnchenbrustfilet (ohne Haut)
3 TL Cajungewürz (siehe Tipp)
Salz
6 EL Olivenöl
750 g Süßkartoffeln
600 g Butternutkürbis
100 g Schalotten
100 g Chorizo

Herbstlicher Genuss

Für 4 Personen | 1 Std. Zubereitung
Pro Portion ca. 515 kcal, 32 g EW, 30 g F, 33 g KH

1 Das Hähnchenfilet abbrausen, trocken tupfen und in breite Streifen schneiden. Das Cajungewürz mit Salz und Olivenöl verrühren. 2 EL der Marinade mit den Hähnchenstreifen vermengen und zugedeckt ziehen lassen.

2 Den Backofen auf 200° vorheizen. Die Süßkartoffeln schälen, waschen, halbieren und in ca. 1 cm dicke Scheiben schneiden. Den Kürbis waschen, schälen, die Kerne und Fasern entfernen. Den Kürbis ebenfalls in ca. 1 cm dicke Scheiben schneiden und diese vierteln. Die Schalotten schälen und halbieren.

3 Süßkartoffeln, Kürbis und Schalotten auf einem tiefen Blech mit der übrigen Marinade mischen. Im Ofen (Mitte) ca. 20 Min. backen. Inzwischen die Chorizo in Scheiben schneiden.

4 Das Gemüse auf dem Blech etwas zur Seite schieben und die Hähnchenstrips in der Blechmitte verteilen. Die Chorizo dazugeben und alles weitere ca. 10 Min. backen. Dann den Backofengrill zuschalten und das Cajun-Huhn ca. 5 Min. übergrillen. Dazu schmeckt Limetten-Joghurt-Dip (siehe S. 4).

TIPP Kein Cajungewürz zur Hand? Kein Problem – einfach selber mischen! Und zwar aus je ½ TL Zwiebel- und Knoblauchpulver, Cayennepfeffer, gemahlenem schwarzen Pfeffer, getrocknetem Oregano und Thymian.

ITALIENISCHE MINI-BULETTEN

1 Brötchen (vom Vortag) | 400 g Champignons | 1 Zwiebel | 1 Bund Basilikum | 500 g gemischtes Hackfleisch | 1 Ei (M) | Salz | Pfeffer | 1 Packung Mini-Mozzarella-Kugeln (125 g Abtropfgewicht) | 4 EL Olivenöl | 1 Knoblauchzehe | 1 rote Chilischote | 1 Dose geschälte Tomaten (850 ml) | 2 EL Aceto balsamico | 125 g geriebener Mozzarella

Lecker gefüllt

Für 4 Personen | 1 Std. Zubereitung
Pro Portion ca. 700 kcal, 45 g EW, 50 g F, 16 g KH

1 Das Brötchen in Wasser einweichen. Die Champignons putzen und halbieren. Die Zwiebel schälen und fein würfeln. Das Basilikum waschen, trocken schütteln und die Blättchen abzupfen. Das Hackfleisch mit Ei, ausgedrücktem Brötchen und Zwiebel verkneten. Mit Salz und Pfeffer würzen.

2 Den Ofen auf 220° vorheizen. Den Mozzarella abtropfen lassen und die Kugeln mit je 1–2 Basilikumblättchen ummanteln. Die Hackfleischmasse in ca. 16 Portionen teilen und die Mozzarellakugeln darin einhüllen. Das Öl auf ein tiefes Blech geben und im Ofen erhitzen. Buletten darauf verteilen, ca. 5 Min. anbraten. Champignons zufügen, weitere 5 Min. braten, zwischendurch wenden.

3 Den Knoblauch schälen, Chilischote entkernen, waschen, putzen und beides fein hacken. Die Tomaten zerkleinern und mit dem Saft, Knoblauch, Chili und Essig verrühren. Mit Salz würzen. Die Tomaten zu den Buletten gießen und alles weitere ca. 10 Min. backen, zwischendurch vorsichtig umrühren. Den geriebenen Mozzarella daraufstreuen und alles in weiteren ca. 5 Min. fertig backen. Mit übrigem grob zerkleinertem Basilikum bestreuen. Dazu schmeckt knuspriges Ciabattabrot.

SALSICCIA-GEMÜSE

je 1 gelbe und grüne Zucchini (ca. 400 g) | 1 Aubergine (200 g) | 1 Fenchelknolle (200 g) | Salz | 3 junge Zwiebeln (mit Grün; ersatzweise Frühlingszwiebeln) | 4 junge Knoblauchzehen | 2 rote oder grüne Peperoncini | 1 TL Fenchelsamen | Pfeffer | 5 EL Olivenöl | 250 g kleine Tomaten | 4 Salsiccia-Würste (grobe italienische Fenchelbratwurst; ca. 400 g) | 50 g getrocknete Tomaten (in Öl) | ½ Bund Basilikum

Pikant gewürzt

Für 4 Personen | 1 Std. Zubereitung
Pro Portion ca. 575 kcal, 19 g EW, 51 g F, 9 g KH

1 Das Gemüse waschen und putzen. Das Fenchelgrün beiseitelegen. Die Zucchini und Aubergine längs vierteln und in Stücke schneiden. Die Aubergine salzen und ziehen lassen. Den Fenchel halbieren, in Spalten schneiden, dabei den Strunk entfernen. Die Zwiebeln putzen, waschen, das Grün beiseitelegen, das Weiße klein schneiden.

2 Den Ofen auf 200° vorheizen. Den Knoblauch schälen. Peperoncini putzen, entkernen, waschen und in Ringe schneiden. Fenchelsamen im Mörser zerstoßen, Aubergine trocken tupfen. Mit den übrigen vorbereiteten Zutaten (bis auf das Zwiebelgrün) auf einem tiefen Blech mischen und mit Salz und Pfeffer würzen. Mit Öl beträufeln und im Ofen (Mitte) ca. 20 Min. backen, gelegentlich wenden.

3 Die Tomaten waschen und vierteln. Salsiccia in dicke Scheiben, getrocknete Tomaten in Streifen schneiden. Unter das Gemüse mischen und weitere ca. 15 Min. backen. Das Basilikum waschen, trocken schütteln und die Blätter kleiner zupfen. Das Fenchelgrün fein schneiden. Das Zwiebelgrün in Ringe schneiden. Alles auf das Gemüse streuen.

HACKBÄLLCHEN-KÜRBIS-BLECH

600 g Hokkaido-Kürbis | 300 g kleine Zwiebeln | 600 g vorwiegend festkochende Kartoffeln | 3 EL Aceto balsamico bianco | 1 EL mittelscharfer Senf | Salz | Pfeffer | 1 TL Agavendicksaft | 5 EL Olivenöl | 1 Bund Petersilie | 500 g Rinderhackfleisch | 1 Ei | 2 EL Semmelbrösel | edelsüßes Paprikapulver

Schmeckt der ganzen Familie

Für 4 Personen | 1 Std. 15 Min. Zubereitung
Pro Portion ca. 625 kcal, 36 g EW, 33 g F, 49 g KH

1 Den Kürbis waschen, vierteln, die Kerne und weiche Fasern mit einem Löffel herauskratzen und das Kürbisfruchtfleisch samt Schale in Spalten schneiden. Die Zwiebeln schälen und, bis auf eine, halbieren oder vierteln. Die Kartoffeln schälen, waschen und längs in Spalten schneiden. Den Backofen auf 200° vorheizen.

2 Essig, Senf, Salz, Pfeffer und Agavendicksaft zur Marinade verrühren. Das Öl tröpfchenweise mit dem Schneebesen unterschlagen. Kürbis, Kartoffeln und Zwiebeln mit der Marinade in einer Schüssel mischen. Auf ein tiefes Backblech geben und im Ofen (Mitte) ca. 25 Min. backen.

3 Inzwischen die Petersilie waschen und die Blättchen hacken. Das Hackfleisch mit Ei, Semmelbröseln und der Hälfte der Petersilie verkneten. Mit Salz, Pfeffer und Paprikapulver würzen. Aus der Masse 16 Bällchen formen, diese mit auf das Blech legen und alles in weiteren ca. 20 Min. fertig backen. Zum Servieren mit der restlichen Petersilie bestreuen. Dazu passt am besten die Frischkäsecreme (siehe S. 4).

HÄHNCHEN-BLECH MIT WURZELN

3 Zweige Rosmarin | 4 Hähnchenoberkeulen (à ca. 150 g) | Salz | Pfeffer | 500 g Pastinaken | 400 g Möhren | 500 g Ringelbete (ersatzweise Rote Bete) | 5 EL Olivenöl | 100 ml Orangensaft

Schmeckt auch im Winter

Für 4 Personen | 1 Std. 15 Min. Zubereitung
Pro Portion ca. 435 kcal, 24 g EW, 26 g F, 26 g KH

1 Den Rosmarin waschen, von einem Zweig die Nadeln abzupfen und hacken. Die Hähnchenoberkeulen abbrausen, trocken tupfen, mehrmals einschneiden und den gehackten Rosmarin unter die Haut schieben. Die Keulen mit Salz und Pfeffer würzen und auf ein tiefes Backblech legen.

2 Den Ofen auf 200° vorheizen. Die Pastinaken und Möhren schälen, waschen und in mundgerechte Stücke schneiden. Die Rote Bete putzen, schälen (dabei am besten Einmalhandschuhe tragen, da der Saft stark färbt) und in Spalten schneiden. Das Gemüse mit auf dem Blech verteilen und mit Salz und Pfeffer würzen.

3 Alles mit dem Olivenöl beträufeln und vermischen. Den übrigen Rosmarin kleiner zupfen und untermischen. Das Hähnchen mit den Wurzeln im Ofen (Mitte) ca. 35 Min. backen, dann den Orangensaft angießen und alles weitere 5–10 Min. garen. Dann den Backofengrill zuschalten und das Hähnchen ca. 5 Min. leicht gebräunt übergrillen. Auf dem Blech servieren.

OFEN-GRÖSTL MIT ÄPFELN

750 g vorwiegend festkochende Kartoffeln | 2 Zwiebeln | 2 Stangen Lauch (400 g) | 175 g durchwachsener Räucherspeck (ersatzweise Bratenreste) | 2 EL Rapsöl | Salz | Pfeffer | 2 grobe, rohe Bratwürste (ca. 260 g) | 3 Äpfel (ca. 450 g) | ½ Bund Majoran | 75 ml Apfelwein (ersatzweise Cidre oder Apfelsaft) | 2 EL gehackte Petersilie

Pfannen-Hit auf neue Art

Für 4 Personen | 1 Std. Zubereitung
Pro Portion ca. 675 kcal, 17 g EW, 52 g F, 34 g KH

1 Den Backofen auf 200° vorheizen. Die Kartoffeln schälen, waschen und in 5 mm dünne Scheiben schneiden. Die Zwiebeln schälen und in grobe Spalten schneiden. Den Lauch putzen, gründlich waschen und in breite Ringe schneiden. Den Speck in Streifen schneiden.

2 Auf einem tiefen Backblech Kartoffeln, Zwiebeln, Lauch und Speck vermischen. Mit dem Öl beträufeln und mit Salz und Pfeffer würzen. Im Ofen (Mitte) ca. 20 Min. backen.

3 Inzwischen die Bratwürste in 2 cm lange Stücke schneiden. Die Äpfel waschen, vierteln, Kerngehäuse entfernen und das Fruchtfleisch in Spalten schneiden. Den Majoran waschen, trocken schütteln und die Blättchen abzupfen.

4 Die Bratwürste, Äpfel und den Majoran mit auf das Backblech geben. Den Apfelwein angießen und alles weitere 20 Min. backen. Das Ofen-Gröstl mit der Petersilie bestreuen. Dazu schmeckt Senf-Schmand-Dip (siehe S. 4).

COQ AU VIN VOM BLECH

1 küchenfertiges Hähnchen (ca. 1,3 kg) | Salz | Pfeffer | 150 g geräucherter durchwachsener Speck | 250 g Schalotten | 2 EL Öl | 3 Knoblauchzehen | 3–4 Möhren (ca. 400 g) | ½ Bund Thymian | 2–3 Lorbeerblätter | 750 ml Rotwein (z. B. Burgunder) | 1 EL Mehl | 400 g kleine Champignons | ½ Bund Petersilie

Französischer Klassiker

Für 4 Personen | 1 Std. 15 Min. Zubereitung
Pro Portion ca. 905 kcal, 56 g EW, 53 g F, 11 g KH

1 Den Ofen auf 200° vorheizen. Das Hähnchen in 10 Teile zerlegen, abbrausen, trocken tupfen, salzen und pfeffern. Den Speck in Streifen schneiden. Die Schalotten schälen und halbieren.

2 Das Öl in einem tiefen Backblech im Backofen erhitzen. Die Hähnchenteile und den Speck darauf verteilen und ca. 10 Min. anbraten, dabei nach 5 Min. wenden. Den Knoblauch schälen. Die Möhren schälen und in dicke Scheiben schneiden. Den Thymian waschen. Alles mit den Schalotten und Lorbeerblättern zum Hähnchen geben. Den Rotwein mit dem Mehl verquirlen, auf das Blech gießen, mischen und weitere 25–30 Min. garen.

3 Die Champignons putzen und je nach Größe ganz lassen oder halbieren. Zum Hähnchen auf das Blech geben, alles weitere ca. 20 Min. backen. Die Petersilie waschen, trocken schütteln, die Blättchen hacken und zum Servieren über das fertige Coq au Vin streuen. Dazu schmeckt Baguette.

TIPP

Die Sauce schmeckt intensiv nach Wein. Wer es lieber etwas milder mag, ersetzt 250 ml Rotwein durch Hühnerbrühe.

KALBSBRATEN MIT STEINPILZEN

Dieses »zarte Goldstück« ist ein echtes Sonntagsessen! Das edle Fleisch gart mit Pilzen und Gemüse schön langsam vor sich hin – und Sie haben Zeit für die Familie!

30 g getrocknete Steinpilze
200 g Schalotten
800 g Kalbsbraten (ohne Knochen; z. B. Schulter oder Nuss)
Salz | Pfeffer
1 EL Butterschmalz
1 Bund kleine Möhren
500 g kleine festkochende Bio-Kartoffeln
1 Fenchelknolle (ca. 250 g)
½ Bund Thymian

Ideal für Gäste

Für 4 Personen |
1 Std. 30 Min. Zubereitung
Pro Portion ca. 385 kcal,
46 g EW, 11 g F, 26 g KH

1 Die Steinpilze abbrausen und in 250 ml heißem Wasser einweichen. Die Schalotten schälen und je nach Größe ganz lassen oder halbieren. Den Ofen mit eingeschobenem tiefen Backblech (Mitte) auf 220° vorheizen. Das Fleisch abbrausen, trocken tupfen und mit Salz und Pfeffer einreiben.

2 Das Butterschmalz auf dem Blech im Ofen erhitzen. Das Fleisch und die Schalotten zugeben und im Ofen rundherum anbraten. Mit den Pilzen samt Einweichwasser ablöschen. Anschließend die Ofentemperatur auf 200° reduzieren und das Fleisch weitere ca. 25 Min. braten.

3 Inzwischen die Möhren schälen. Die Kartoffeln gründlich waschen und halbieren. Den Fenchel putzen, waschen und in breite Spalten schneiden, das Grün beiseitelegen. Den Thymian waschen und trocken schütteln.

4 Die Möhren, Kartoffeln, den Fenchel und Thymian mit auf das Backblech geben. 500 ml heißes Wasser angießen, alles mit Salz und Pfeffer würzen und weitere 45–50 Min. backen, bis das Fleisch gar ist. Mit Fenchelgrün garniert servieren.

TIPP **Noch feiner wird's mit frischen Pilzen: 250 g Steinpilze putzen, halbieren oder vierteln, mit den Möhren und Kartoffeln zum Fleisch geben und maximal 20 Min. mitbacken.**

NUDELAUFLAUF MIT PANCETTA

250 g Champignons | 500 g Brokkoli | 150 g Pancetta (am Stück, ersatzweise durchwachsener Räucherspeck) | 1 l Gemüsebrühe | 200 g Sahne | Salz | Pfeffer | 400 g Orecchiette-Nudeln | 200 g Taleggio-Käse | 100 g Parmesan (am Stück) | 1 Bund Petersilie

Kräftig deftig

Für 6 Personen | 50 Min. Zubereitung
Pro Portion ca. 610 kcal, 27 g EW, 33 g F, 50 g KH

1 Den Ofen mit eingeschobenem tiefen Blech (Mitte) auf 200° vorheizen. Die Champignons putzen und halbieren. Den Brokkoli putzen, waschen und in kleine Röschen teilen. Die dicken Stiele schälen und klein schneiden.

2 Den Speck in Streifen schneiden, auf das Backblech geben und ca. 5 Min. im Ofen anbraten. Die Brühe erhitzen, mit der Sahne verrühren und mit Salz und Pfeffer würzen. Die Nudeln zum Speck auf das Blech geben. Den Brühe-Sahne-Mix vorsichtig darübergießen und die Nudeln ca. 15 Min. backen, dabei gelegentlich umrühren, damit sie gleichmäßig garen.

3 Den Taleggio entrinden und in kleine Stücke schneiden. Den Parmesan entrinden und grob reiben. Die Petersilie waschen, trocken schütteln und die Blättchen hacken.

4 Die Backofentemperatur auf 220° erhöhen. Den Brokkoli und die Champignons zu den Nudeln auf das Blech geben und mit Taleggio und Parmesan bestreuen. Im Ofen (oben) in weiteren 15–20 Min. leicht gebräunt fertig backen. Mit Petersilie bestreut servieren.

SCHINKEN-SPÄTZLE

200 g Schinkenspeck (am Stück) | 1 Bund Frühlingszwiebeln | 1 Bund Schnittlauch | 2 Äpfel | 150 g Gruyère | 6 Eier (M) | 200 g Sahne | 250 ml Gemüsebrühe | Salz | Pfeffer | frisch geriebene Muskatnuss | 1 Packung Eier-Spätzle (500 g; Kühlregal) | 3 EL Semmelbrösel

Cremig & würzig

Für 6 Personen | 50 Min. Zubereitung
Pro Portion ca. 580 kcal, 31 g EW, 36 g F, 34 g KH

1 Den Schinkenspeck in Streifen schneiden. Die Frühlingszwiebeln putzen, waschen und schräg in Ringe schneiden. Den Schnittlauch waschen, trocken schütteln und in feine Röllchen schneiden.

2 Den Ofen mit eingeschobenem tiefen Backblech (Mitte) auf 200° vorheizen. Äpfel waschen, vierteln, entkernen und in Spalten schneiden. Den Käse fein reiben. Eier, Sahne und Brühe miteinander verquirlen und mit Salz, Pfeffer und Muskat kräftig würzen. Je die Hälfte vom Schnittlauch und Käse unterrühren.

3 Die Schinkenspeckstreifen auf dem Blech verteilen und ca. 3 Min. im Ofen anbraten. Die Spätzle, Frühlingszwiebeln und Äpfel zum Speck geben und alles mischen. Mit der Eiersahne begießen und im Ofen (Mitte) ca. 10 Min. backen.

4 Den übrigen Käse mit den Semmelbröseln mischen und über die Spätzle streuen. Alles in weiteren ca. 15 Min. im Ofen goldbraun backen. Zum Servieren mit dem restlichen Schnittlauch bestreuen. Dazu schmeckt ein grüner Salat.

HONIG-SPECKBRATEN »ASIA STYLE«

Die Marinade aus Gewürzen, Sojasauce und Honig verleiht dem Fleisch ein tolles Aroma. Der lauwarme Gemüsesalat ist dazu die perfekte Ergänzung!

1 kg Schweinebauch
1 Knoblauchzehe
Salz
5-Gewürze-Pulver
3 EL Sojasauce
2–3 EL flüssiger Honig
2 EL ungeschälte Sesamsamen
250 g Zuckerschoten
1 große rote Paprika
2–3 Pak Choi (ca. 350 g)
Saft von 2 Limetten
Pfeffer
3 EL Öl
1 EL geröstetes Sesamöl
Thai-Basilikumblättchen

Ideal für Gäste

Für 6 Personen | 2 Std. Zubereitung
Pro Portion ca. 580 kcal, 33 g EW, 45 g F, 12 g KH

1 Den Ofen mit eingeschobenem tiefen Backblech (Mitte) auf 220° vorheizen. Den Schweinebauch abbrausen, trocken tupfen und die Schwarte 5 mm tief rautenförmig einschneiden (am besten mit einem Cutter). Den Knoblauch schälen, fein hacken und mit Salz, 5-Gewürze-Pulver, Sojasauce und 2 EL Honig verrühren.

2 Sesamsamen auf dem heißen Blech etwa 3 Min. rösten, zwischendurch wenden, dann auf einen Teller geben. Die Ofentemperatur auf 180° reduzieren. Den Schweinebauch rundherum mit der Marinade bestreichen und auf das Blech legen. 250 ml heißes Wasser angießen. Das Fleisch im Ofen (Mitte) ca. 1 Std. 45 Min. braten, dabei zwischendurch immer wieder mit der übrigen Marinade bestreichen, nach Bedarf Wasser angießen und den Bratensatz mit einem Pinsel von Blech lösen.

3 Die Zuckerschoten, Paprika und den Pak Choi waschen und putzen. Die Paprika in Streifen schneiden. Den Pak Choi in einzelne Blätter teilen. Den Limettensaft mit Salz, Pfeffer, 1 TL Honig, Öl und Sesamöl verrühren und mit dem Gemüse mischen.

4 Den fertigen Schweinebauch aus dem Ofen nehmen und in Alufolie wickeln. Das Gemüse mit der Marinade auf das Blech verteilen und im Ofen (Mitte) ca. 5 Min. erhitzen. Das Fleisch in Scheiben schneiden und mit dem Gemüse anrichten. Mit geröstetem Sesam und Thai-Basilikum bestreuen.

MARINIERTE PUTENKEULE

1 großes Bund Suppengrün (ca. 800 g) | 250 g Zwiebeln | 1 kg Putenoberkeule ohne Knochen (oder 2 kleine Keulen à ca. 600 g) | Pfeffer | 500 ml trockener Rotwein | 2 Lorbeerblätter | Salz | 2 EL Öl | 200 ml Hühnerbrühe | 250 g Champignons

Lässt sich gut vorbereiten

Für 4 Personen | 2 Std. Zubereitung | Marinieren über Nacht
Pro Portion ca. 605 kcal, 53 g EW, 27 g F, 11 g KH

1 Das Suppengrün putzen, waschen und in Stücke schneiden. Die Zwiebeln schälen und vierteln. Die Putenoberkeule abbrausen, mit Küchenpapier trocken tupfen und mit Pfeffer einreiben. Alles in einem großen Gefrierbeutel mit dem Rotwein und den Lorbeerblättern vermischen und zugebunden über Nacht im Kühlschrank marinieren lassen.

2 Putenkeule 1 Std. Raumtemperatur annehmen lassen. Ofen auf 200° vorheizen. Das Fleisch trocken tupfen, mit Salz und Pfeffer einreiben. Mit Küchengarn in Form binden, auf ein tiefes Backblech legen und mit dem Öl bepinseln. Im Ofen (Mitte) ca. 45 Min. braten (kleine Keulen nur ca. 35 Min).

3 Die Marinade durch ein Sieb gießen, Gemüse abtropfen lassen. Die Brühe erhitzen, mit 250 ml Marinade mischen und mit dem Gemüse zur Keule geben. Alles mit Salz und Pfeffer würzen und weitere ca. 30 Min. braten.

4 Die Champignons putzen, halbieren, mit auf das Blech geben und alles weitere ca. 15 Min. backen. Fleisch aus dem Ofen nehmen, in Alufolie wickeln und ca. 5 Min. ruhen lassen, dann in Scheiben schneiden. Mit Gemüse und Schmorfond anrichten. Dazu passt Petersilien-Oliven-Pesto (siehe S. 4).

KASSELER MIT SENF-KRUSTE

1,5 kg Kasselerkotelett (ohne Knochen) | Pfeffer | 400 g Zwiebeln | 125 ml Apfelsaft | 3 EL Röstzwiebeln | 2 Scheiben Toastbrot | 2 EL grober Senf | 2 EL Meerrettich (Glas) | 1 EL flüssiger Honig | 1 Eigelb | Salz | 4–5 rotschalige Äpfel (800 g) | 125 ml Fleischbrühe

Einfacher geht's nicht

Für 6 Personen | 1 Std. Zubereitung
Pro Portion ca. 320 kcal, 16 g EW, 12 g F, 40 g KH

1 Den Backofen auf 200° vorheizen. Das Kasseler abbrausen, mit Küchenpapier trocken tupfen und mit Pfeffer würzen. Auf ein tiefes Backblech setzen und im heißen Ofen (Mitte) ca. 20 Min. backen. Die Zwiebeln schälen und je nach Größe vierteln oder in Spalten schneiden. Zum Kasseler auf das Blech legen, den Apfelsaft angießen und das Kasseler weitere ca. 20 Min. garen.

2 Inzwischen die Röstzwiebeln in einer Schüssel mit einem Esslöffelrücken feiner zerdrücken. Das Toastbrot entrinden und fein zerkrümeln. Die Röstzwiebeln und Toastkrümel mit Senf, Meerrettich, Honig und Eigelb verrühren. Mit Salz und Pfeffer abschmecken. Die Äpfel waschen, vierteln, entkernen und in breite Spalten schneiden.

3 Nach insgesamt ca. 40 Min. Garzeit die Senfmischung auf dem Kasseler verteilen und leicht andrücken. Die Apfelspalten mit auf das Blech legen, mit Salz und Pfeffer würzen. Die Brühe angießen und alles in weiteren 15–20 Min. leicht gebräunt fertig backen. Dazu schmeckt Schmand-Granatapfel-Sauce (siehe S. 4).

FISCH VOM BLECH

Heute gibt es Fisch! Den können Sie sich hier prima direkt vom Backblech angeln – und zwar in großer Vielfalt: asiatisch mit Ananas und Chili, sanft gegart »en papillote«, mit würzigen Senf-Sahne-Gurken, kombiniert mit Garnelen und Reis, in knuspriger Sesamhülle …

FRUCHTIGER OFEN-LACHS

½ frische Ananas (ca. 750 g) | 1 Bund Frühlingszwiebeln | 3 rote Paprika | 1 rote Chilischote | 2 Bio-Limetten | 1 EL Honig | Salz | Pfeffer | 4 Lachsfilets (à ca. 200 g; ohne Haut) | 2 Scheiben Weißbrot (ca. 70 g) | 30 g weiche Butter

Exotisch angehaucht

Für 4 Personen | 1 Std. Zubereitung
Pro Portion ca. 610 kcal, 42 g EW, 35 g F, 30 g KH

1 Die Ananas putzen, schälen, längs halbieren und den Strunk entfernen. Das Fruchtfleisch nochmals längs halbieren und in ca. 1 cm dicke Scheiben schneiden. Die Frühlingszwiebeln putzen, waschen und schräg in ca. 2 cm lange Stücke schneiden. Paprika waschen, halbieren, putzen und in mundgerechte Stücke schneiden. Alles auf einem tiefen Backblech verteilen.

2 Die Chili putzen, entkernen, waschen und hacken. Die Limetten heiß waschen, trocken tupfen, die Schale fein abreiben und Limetten auspressen. 3 EL Limettensaft mit der Hälfte der Limettenschale, Honig, Chili, Salz und Pfeffer verrühren. Mit den Zutaten auf dem Blech mischen. Den Ofen auf 220° vorheizen.

3 Die Lachsfilets waschen, trocken tupfen, salzen, pfeffern und mit dem übrigen Limettensaft beträufeln. Das Brot entrinden und im Mixer zerkleinern. Mit restlicher Limettenschale, Butter, Salz und Pfeffer mischen. Die Fischfilets auf das Gemüse setzen. Die Brot-Butter-Mischung auf den Lachsfilets verteilen. Im Ofen (Mitte) ca. 20 Min. backen. Dazu schmeckt Baguette.

THAI-BLECH MIT GARNELEN

Zartes Fischfilet, feine Shrimps, knackige Zuckerschoten und aromatische Pilze garen gemeinsam mit Duftreis – ein wirklich feiner Fang!

je 1 rote und gelbe Paprika
1 rote Chilischote
2 Knoblauchzehen
250 g Zuckerschoten
200 g Champignons
200 g küchenfertige Garnelen (ohne Kopf; mit Schale)
200 g Fischfilet (z. B. Kabeljau oder Seelachs)
3 EL Sojasauce
Pfeffer
1 l Gemüsebrühe
Salz
250 g Basmatireis
1 Bund Thai-Basilikum
abgeriebene Schale von 1 Bio-Limette
2 TL geröstetes Sesamöl
150 ml Süß-sauer-Sauce (Fertigprodukt)

Knackig bunt

Für 4 Personen | 1 Std. Zubereitung
Pro Portion ca. 415 kcal, 30 g EW, 4 g F, 61 g KH

1 Die Paprika waschen, putzen und in Würfel schneiden. Die Chili putzen, längs einschneiden, entkernen, waschen und in Ringe schneiden. Den Knoblauch schälen und grob hacken. Die Zuckerschoten waschen und putzen. Die Champignons putzen und je nach Größe ganz lassen oder halbieren.

2 Den Backofen auf 200° vorheizen. Die Garnelen schälen, das Schwanzsegment stehen lassen. Den Darm entfernen, die Garnelen waschen und trocken tupfen. Den Fisch waschen, trocken tupfen und in Streifen schneiden. Fisch und Garnelen mit der Sojasauce mischen und mit Pfeffer würzen.

3 Die Brühe erhitzen, mit Salz würzen. Den Reis auf einem tiefen Backblech verteilen, in den Ofen (Mitte) schieben und mit der Brühe übergießen. Ca. 10 Min. backen, dabei zwischendurch ein- bis zweimal umrühren.

4 Das Gemüse mit Pilzen, Chili und Knoblauch mischen und auf dem Reis verteilen. Alles weitere ca. 10 Min. backen. Das Basilikum waschen, trocken schütteln und die Blätter grob hacken.

5 Den Fisch und die Garnelen mit der Limettenschale mischen und unter das Gemüse heben. In weiteren ca. 6 Min. zu Ende backen. Mit Salz, Pfeffer und Sesamöl abschmecken. Mit Basilikum bestreuen und mit Süß-sauer-Sauce servieren.

KRÄUTERLACHS MIT DILLGURKEN

800 g Lachsfilet (im Stück; ohne Haut) | 3 EL Zitronensaft | Meersalz | Pfeffer | je 1 Bund Dill, Petersilie und Schnittlauch | 2 Schalotten | 2 Salatgurken (900 g) | 3 EL frisch geriebener Meerrettich | 80 g weiche Butter | 4–5 EL Semmelbrösel | 200 g Sahne | 125 ml Gemüsebrühe | 2 EL mittelscharfer Senf

Aromaplus durch Kräuter

Für 4 Personen | 1 Std. Zubereitung
Pro Portion ca. 855 kcal, 45 g EW, 65 g F, 22 g KH

1 Das Lachsfilet waschen, mit Küchenpapier trocken tupfen, mit Zitronensaft beträufeln und mit Salz und Pfeffer würzen. Die Kräuter waschen und trocken schütteln. Dill und Petersilie abzupfen und getrennt fein schneiden bzw. hacken. Den Schnittlauch in feine Röllchen schneiden. Die Schalotten schälen und fein würfeln. Die Gurken waschen, putzen, schälen, der Länge nach halbieren, entkernen und in kleine Würfel schneiden.

2 Den Ofen mit eingeschobenem tiefen Backblech (Mitte) auf 200° vorheizen. Den Meerrettich mit 70 g Butter, Semmelbröseln, Schnittlauch, Petersilie und der Hälfte des Dills verrühren. Mit Salz und Pfeffer würzen. Die Sahne mit Brühe und Senf verquirlen und mit Salz und Pfeffer würzen.

3 Die restliche Butter auf dem Blech erhitzen und die Schalotten darin ca. 5 Min glasig braten. Den Lachs auf das Blech setzen und mit der Kräutermischung bestreichen. Die Gurken um das Filet herum verteilen, Sahne-Mischung über die Gurken gießen. Den Fisch im Ofen (Mitte) ca. 15 Min. backen, danach den Grill zuschalten und alles weitere 3–4 Min. übergrillen. Zum Servieren die Gurken mit dem übrigen Dill bestreuen.

ZITRONEN-FISCH IM SPECKMANTEL

600 g Möhren | 1 Staudensellerie (ca. 500 g) | 150 g Schalotten | 4 junge Knoblauchzehen | 2 Bio-Zitronen | 4 Fischfilets (z. B. Kabeljau; à ca. 150 g) | Salz | Pfeffer | 8 Scheiben Frühstücksspeck (Bacon) | 2 EL Rosmarinnadeln | 4 EL Olivenöl | 100 ml trockener Wermut | 125 ml heiße Gemüsebrühe

Erfrischend fruchtig

Für 4 Personen | 1 Std. Zubereitung
Pro Portion ca. 350 kcal, 31 g EW, 16 g F, 13 g KH

1 Die Möhren schälen und in 1–2 cm dicke Stifte schneiden. Den Staudensellerie putzen, waschen und in ca. 2 cm lange Stücke schneiden. Die Schalotten und den Knoblauch schälen, die Schalotten längs halbieren oder vierteln. Die Zitronen heiß waschen. Eine Frucht in Spalten schneiden, von der anderen die Schale abreiben, dann schälen, sodass auch die weiße Fruchthaut entfernt ist, und das Fruchtfleisch in Scheiben schneiden.

2 Den Ofen mit eingeschobenem tiefen Blech (Mitte) auf 220° vorheizen. Den Fisch waschen, trocken tupfen, salzen, pfeffern und mit Zitronenschale und etwas Rosmarin würzen. In je 2 Speckscheiben wickeln und mit Holzspießchen fixieren. Das Öl auf dem Blech erhitzen. Den Fisch darauf je Seite 3 Min. braten, dann herausnehmen.

3 Die Ofentemperatur auf 200° reduzieren. Möhren, Schalotten, Knoblauch und restlichen Rosmarin mischen. Salzen und pfeffern, auf dem Blech ca. 10 Min. backen. Sellerie und Zitronenspalten ergänzen, Wermut und Brühe angießen und weitere ca. 25 Min. backen. Den Fisch wieder auf das Gemüse setzen, mit den Zitronenscheiben belegen und in weiteren ca. 5 Min. fertig garen.

ZANDERFILET MIT NUSSKRUSTE

750 g vorwiegend festkochende Kartoffeln | 3 Zucchini (ca. 700 g) | 1 Schalotte | Salz | Pfeffer | 200 g Sahne | 100 ml Milch | 1 Bio-Zitrone | 4 Zanderfilets (à ca. 150 g; ohne Haut) | 2 Scheiben Toastbrot | 50 g grob gehackte Haselnusskerne | 1 EL süßer Senf | 30 g weiche Butter | Fett für das Blech

Für Feste und Gäste

Für 4 Personen | 1 Std. Zubereitung
Pro Portion ca. 605 kcal, 39 g EW, 33 g F, 37 g KH

1 Die Kartoffeln schälen, waschen und in dünne Scheiben hobeln oder schneiden. Die Zucchini waschen, putzen und schräg in dünne Scheiben schneiden. Die Schalotte schälen und fein würfeln.

2 Den Ofen auf 200° vorheizen. Kartoffeln und Zucchini dachziegelartig auf ein gefettetes tiefes Backblech legen. Mit Salz und Pfeffer würzen und mit Schalotten bestreuen. Die Sahne mit der Milch verrühren, mit Salz und Pfeffer würzen und gleichmäßig darübergießen. Im heißen Backofen (Mitte) ca. 30 Min. backen.

3 Inzwischen die Zitrone heiß waschen, trocken tupfen, die Schale fein abreiben und eine Zitronenhälfte auspressen. Die Zanderfilets waschen, trocken tupfen, mit Zitronensaft beträufeln und mit Salz und Pfeffer würzen.

4 Das Toastbrot entrinden und im Mixer zerkleinern. Mit Nüssen, Zitronenschale, Senf und Butter verkneten. Mit Salz und Pfeffer abschmecken. Die Masse gleichmäßig auf den Zanderfilets verteilen, den Fisch auf das Gemüse setzen und alles weitere 10–15 Min. im Ofen (Mitte) backen.

ASIA-SEELACHS IM PÄCKCHEN

1 Bio-Limette | 1 Stück Ingwer (ca. 3 cm) | 600 g Seelachsfilets | Salz | 200 g Rettich | 200 g Möhren | 4 EL Öl | 1 EL geröstetes Sesamöl | 1–2 Packungen Express-Basmatireis (à 250 g)

Besonders sanft gegart

Für 4 Personen | 1 Std. Zubereitung
Pro Portion ca. 440 kcal, 33 g EW, 16 g F, 42 g KH

1 Die Limette heiß waschen, trocken tupfen, die Schale abreiben und die Limette auspressen. Den Ingwer schälen und fein reiben. Den Seelachs waschen, trocken tupfen und in grobe Würfel schneiden. Mit dem Ingwer, der Limettenschale, dem -saft und etwas Salz vermischen.

2 Rettich und Möhren schälen, in feine Streifen schneiden oder hobeln und mischen. Den Backofen auf 200° vorheizen. Je 2 Bögen Butterbrotpapier (oder Backpapier) aufeinanderlegen und mit jeweils 1 EL Öl bestreichen. Das Gemüse mittig darauf verteilen und salzen. Den Fisch mit den Würzzutaten daraufgeben und mit Sesamöl beträufeln. Das Papier über dem Fisch zusammenfalten, die Enden mit Küchengarn verschnüren. Die Fischpäckchen auf ein Backblech setzen und im Ofen (Mitte) ca. 15 Min. backen.

3 Den Reis in einer Schüssel mit 4–8 EL warmem Wasser mischen und salzen. Die Fischpäckchen auf dem Backblech etwas zur Seite schieben, den Reis auf die freie Fläche verteilen und alles zusammen weitere ca. 5 Min. backen. Dazu schmeckt pikante Frühlingszwiebel-Sauce (siehe S. 4).

PIZZA, SNACKS & CO.

Für den kleinen Hunger zwischendurch, als familientaugliches Abendessen oder für die nächste Sommerparty: Mit Pizza, Flammkuchen, Baguette, Teigtaschen, Toast und Burger landen Sie garantiert einen Super-Hit. Aber Vorsicht: Die pikanten Snacks machen ganz schnell Appetit auf mehr ...

VEGGIE-PIZZA

½ Würfel frische Hefe (21 g) | Zucker | 350 g Weizenmehl (Type 550) | Salz | 2 TL getrocknete italienische Kräuter | 2 EL Olivenöl | 250 g passierte Tomaten | 1 Knoblauchzehe | Chiliflocken | Pfeffer | 1 Zucchini (ca. 200 g) | 125 g Champignons | 1 rote Zwiebel | je 125 g Mozzarella und Gorgonzola | 30 g Rucola | Balsamico-Creme

Italien lässt grüßen

Für 12 Stücke | 1 Std. Zubereitung
Pro Stück ca. 190 kcal, 8 g EW, 7 g F, 22 g KH

1 Hefe und 1 TL Zucker in 175 ml lauwarmem Wasser auflösen und ca. 5 Min. ruhen lassen. Das Mehl mit ¾ TL Salz und Kräutern mischen. Öl und Hefewasser zugeben, alles zu einem glatten Teig verkneten und zugedeckt an einem warmen Ort ca. 30 Min. gehen lassen. Den Knoblauch schälen, in die Tomaten pressen und mit Chili, Salz, Pfeffer und Zucker würzen. Die Zucchini waschen, putzen und in Scheiben schneiden. Die Champignons putzen und in Scheiben schneiden. Die Zwiebel schälen und in Ringe schneiden. Den Mozzarella in Scheiben schneiden. Den Gorgonzola würfeln.

2 Den Ofen auf 240° vorheizen. Den Hefeteig kurz durchkneten und auf wenig Mehl in Blechgröße ausrollen. Auf ein mit Backpapier belegtes Blech legen und mit der Tomatensauce bestreichen. Mit Zucchini, Champignons und Zwiebel belegen. Mit Mozzarella und Gorgonzola bestreuen und im Ofen (Mitte) in 20–25 Min. knusprig backen. Mit Rucola und Balsamico-Creme garnieren.

FLAMMKUCHEN DIAVOLO

1 junge Knoblauchzehe | 50 g Ajvar (scharfe Paprikapaste; Glas) | 100 g Crème fraîche | Salz | Pfeffer | 1 kleine rote Paprika | 1 kleine rote Zwiebel | 1 Packung Flammkuchenteig (260 g; ca. 40 × 24 cm; Kühlregal) | 6–8 eingelegte Peperoni (Glas) | 75 g Salami (in Scheiben)

Hot and spicy

Für 4 Personen | 30 Min. Zubereitung
Pro Portion ca. 330 kcal, 11 g EW, 17 g F, 33 g KH

1 Den Backofen auf 220° vorheizen. Den Knoblauch schälen und fein hacken. Mit Ajvar und Crème fraîche verrühren und mit Salz und Pfeffer würzen. Die Paprikaschote waschen, halbieren, putzen und in schmale Streifen schneiden. Die Zwiebel schälen, längs halbieren und mit einem scharfen Messer in dünne, halbe Ringe schneiden.

2 Den Flammkuchenteig samt Backpapier auf dem Backblech entrollen. Den Teigrand rundherum ca. 1 cm breit nach innen umlegen. Die Ajvarcreme auf den Teig streichen und diesen mit Paprika, Zwiebel und Peperoni belegen.

3 Den Flammkuchen im heißen Ofen (unten) ca. 8 Min. backen. Kurz herausnehmen, die Salami auf dem Flammkuchen verteilen und diesen in weiteren ca. 8 Min. knusprig backen.

TIPP

Keine eingelegten Peperoni zur Hand? Kein Problem! Stattdessen einfach 1–2 frische Chilischoten waschen, putzen, hacken und mit Ajvar und Crème fraîche verrühren.

LACHSTARTE MIT TOMATEN

500 g Weizenmehl (Type 550) | 250 g kalte Butter | 10 Eier (M) | Salz | 300 g TK-Erbsen | 5 Packungen Stremellachs (à 125 g, Kühlregal) | 400 g Kirschtomaten | 1 Bund Dill | 250 g Sahne | 200 g Crème fraîche | 150 ml Milch | 2 TL flüssiger Honig | 3 EL mittelscharfer Senf | Pfeffer

Für Feste und Gäste

Für 20 Stücke | 50 Min. Zubereitung | 1 Std. Kühlen
Pro Stück ca. 405 kcal, 17 g EW, 28 g F, 21 g KH

1 Aus Mehl, Butter (in Stücken), 2 Eiern, 1 TL Salz und 1–2 EL kaltem Wasser erst mit den Knethaken des Handrührgeräts, dann mit den Händen einen glatten Teig kneten. Den Teig zur Kugel formen, etwas flacher drücken, in Frischhaltefolie wickeln und ca. 1 Std. kalt stellen. Die Erbsen auftauen.

2 Den Backofen auf 200° vorheizen. Den Teig kurz durchkneten, zwischen zwei Bögen Backpapier etwas größer als das Blech ausrollen. Oberes Papier abziehen, den Teig mit dem unteren Backpapier auf ein tiefes Blech legen, an den Rändern andrücken. Teig mehrmals mit einer Gabel einstechen und im Ofen (Mitte) ca. 15 Min. vorbacken.

3 Den Lachs in Stücke zupfen, die Kirschtomaten waschen. Den Dill waschen, trocken schütteln und fein schneiden. Die übrigen Eier mit Sahne, Crème fraîche, Milch, Honig, Senf und Dill verquirlen. Den Guss kräftig mit Salz und Pfeffer abschmecken.

4 Den Lachs, Erbsen und Tomaten auf dem Teig verteilen. Die Eiersahne auf die Zutaten gießen und die Tarte in ca. 40 Min. goldbraun backen. Zum Servieren in Stücke schneiden.

ZIEGENKÄSEBAGUETTE

3 Tomaten | ½ Zuckermelone (z. B. Charentais; ca. 400 g) | 200 g Ziegenkäserolle | 1 Baguette | 4 EL Tapenade (Olivenpaste; Glas) | 2 TL Thymianblättchen | Pfeffer | 4 TL Lavendelhonig

Vive la France!

Für 4 Personen | 30 Min. Zubereitung
Pro Portion ca. 445 kcal, 13 g EW, 21 g F, 51 g KH

1 Den Backofengrill vorheizen. Die Tomaten waschen und in sehr dünne Scheiben schneiden. Die Melone entkernen, längs vierteln, schälen und in dünne Scheiben schneiden. Den Käse in 20 dünne Scheiben schneiden. Das Baguette durchschneiden und halbieren, die Brote mit Tapenade bestreichen. Mit Tomaten- und Melonenscheiben leicht überlappend belegen. Den Käse darauf verteilen und mit Thymian und Pfeffer bestreuen.

2 Die Brote auf ein mit Alufolie belegtes Backblech setzen (eventuell seitlich mit zerknüllter Alufolie stützen, damit sie nicht umkippen). Mit je 1 TL Honig beträufeln und unter dem heißen Grill (Mitte) in ca. 5 Min. leicht gebräunt überbacken.

RUCOLA-THUNFISCH-TASCHEN

70 g Rucola | 50 g Oliven (entsteint) | 2 Tomaten | 100 g Feta | 1 Dose Thunfisch (150 g Abtropfgewicht) | Salz | Pfeffer | edelsüßes Paprikapulver | 2 Rollen Blätterteig (à 275 g; Kühlregal) | 1 Eigelb | 1 EL Milch

Fingerfood vom Feinsten

Für 24 Stück | 1 Std. 15 Min. Zubereitung
Pro Stück ca. 120 kcal, 4 g EW, 8 g F, 9 g KH

1 Rucola und Oliven hacken, Tomaten waschen und würfeln. Feta zerbröckeln, Thunfisch abtropfen lassen und zerzupfen. Alles mischen, mit Salz, Pfeffer und Paprika würzen. Den Ofen auf 200° vorheizen. Das Blech mit Backpapier belegen.

2 Den Teig entrollen und in 8 cm große Quadrate schneiden. Je 1 TL Füllung daraufgeben, die Ränder mit Wasser bepinseln, die Quadrate zu Dreiecken klappen und die Ränder andrücken. Eigelb, Milch und Paprika verquirlen, die Teigtaschen damit bestreichen, in zwei Portionen auf dem Blech (Mitte) in je ca. 20 Min. goldbraun backen. Dazu passt Joghurt-Oliven-Dip (siehe S. 4).

ABENDBROT-TOAST

1 kleine rote Zwiebel | 2 EL eingelegte Kapern | 500 g Mett (gewürztes Schweinehackfleisch) | 1 EL mittelscharfer Senf | Salz | Pfeffer | 1 Tomate | 100 g fein geriebener Emmentaler | 100 g Doppelrahmfrischkäse | edelsüßes Paprikapulver | 4 Mehrkorn-Toastbrötchen

Schnell & würzig

Für 4 Personen | 30 Min. Zubereitung
Pro Portion ca. 665 kcal, 39 g EW, 43 g F, 31 g KH

1 Die Zwiebel schälen und fein würfeln. Die Kapern grob hacken. Zwiebel, Kapern, Mett und Senf mischen und mit Salz und Pfeffer abschmecken. Den Ofen mit eingeschobenem tiefen Blech (Mitte) auf 220° vorheizen. Die Tomate waschen und in 8 Scheiben schneiden. Den Käse mit dem Frischkäse verrühren und mit Paprikapulver würzen.

2 Die Toastbrötchen aufklappen und 4 Min. backen, dabei nach 2 Min. wenden. Die Mettmasse darauf verteilen, flach drücken, mit Tomaten belegen und die Käsemischung daraufgeben. Die Brötchen im Ofen (oben) ca. 15 Min. backen.

BAUERNSCHNITTEN

2 Scheiben Leberkäse (à ca. 100 g) | 1 Beutel mildes Sauerkraut (350 g) | 100 g Bergkäse | 50 g Schmand | 3 EL süßer Senf | Salz | Pfeffer | edelsüßes Paprikapulver | 4 Scheiben Bauernbrot | Petersilie zum Garnieren

Fix fertig

Für 4 Personen | 25 Min. Zubereitung
Pro Portion ca. 440 kcal, 22 g EW, 24 g F, 33 g KH

1 Den Ofen mit eingeschobenem Blech (Mitte) auf 200° vorheizen. Den Leberkäse ca. 1 cm groß würfeln. Das Sauerkraut ausdrücken und grob hacken. Den Käse fein reiben. Sauerkraut, ein Drittel Bergkäse, Schmand und 1 EL Senf miteinander verrühren. Mit Salz, Pfeffer und Paprikapulver würzig abschmecken. Den Leberkäse untermischen.

2 Die Brotscheiben auf das mit Backpapier belegte heiße Blech legen und 3–4 Min. rösten, dabei einmal wenden. Mit dem übrigen Senf bestreichen und die Sauerkrautmischung darauf verteilen. Den restlichen Käse aufstreuen und alles im Ofen (oben) 10–12 Min. überbacken. Mit Petersilie garnieren.

CAPRESE-BURGER

2 Schalotten | 500 g mageres Rinderhack | Salz | Pfeffer | 1 Kugel Mozzarella (125 g) | 50 g Parmesan (am Stück) | 4 Tomaten | 4 Zweige Basilikum | 3 EL Aceto balsamico bianco | 1 TL Agavendicksaft | 2 TL mittelscharfer Senf | 4 EL Olivenöl | 125 g Rucola

Auf italienische Art

Für 4 Personen | 45 Min. Zubereitung
Pro Portion ca. 520 kcal, 40 g EW, 37 g F, 5 g KH

1 Die Schalotten schälen und fein würfeln. Das Hackfleisch mit der Hälfte der Schalotten, Salz und Pfeffer verkneten. Zu 4 flachen Pattys formen, kalt stellen. Mozzarella abtropfen lassen, in 8 Scheiben schneiden. Den Parmesan hobeln. Die Tomaten waschen und putzen. 2 Tomaten in je 4 Scheiben schneiden. Die übrigen Tomaten vierteln, entkernen und fein würfeln.

2 Den Ofengrill vorheizen und ein Blech (Mitte) einschieben. Basilikum waschen, trocken schütteln und die Hälfte davon hacken. Tomatenwürfel, übrige Schalotten, gehacktes Basilikum, Essig, Agavendicksaft, Senf, Salz und Pfeffer miteinander verrühren. 3 EL Olivenöl unterrühren.

3 Die Pattys mit 1 EL Öl bestreichen, mit der bestrichenen Seite auf das heiße Blech legen und 2–3 Min. anbraten, dann wenden. Mit je 2 Tomatenscheiben, einigen Basilikumblättern und je 2 Scheiben Mozzarella belegen und pfeffern, weitere ca. 4 Min. überbacken.

4 Den Rucola putzen, waschen und trocken schleudern. Auf vier Teller verteilen, mit der Tomaten-Vinaigrette beträufeln. Die Caprese-Burger daraufsetzen und mit Parmesan bestreuen.

OFEN-RACLETTE

2 große Kartoffeln (à ca. 300 g) | 1 EL Olivenöl | Salz | Pfeffer | 100 g eingelegte gegrillte Paprika (Glas) | 1 rote Zwiebel | 500 g gemischtes Hackfleisch | 2 EL Semmelbrösel | 2 EL Tomatenmark | Pimentón de la Vera (geräuchertes Paprikapulver) | 2 dickere Scheiben Raclette-Käse (ca. 100 g, ersatzweise Gruyère)

Köstliche Hochstapelei

Für 4 Personen | 1 Std. Zubereitung
Pro Portion ca. 560 kcal, 34 g EW, 35 g F, 26 g KH

1 Den Ofen auf 200° vorheizen. Die Kartoffeln schälen, waschen und trocken tupfen. Jede Kartoffel der Länge nach in jeweils 4 gleichmäßig dicke Scheiben schneiden. Die Kartoffelscheiben auf ein mit Backpapier belegtes Backblech legen, mit Öl bestreichen und mit Salz und Pfeffer würzen. Im Ofen (Mitte) ca. 25 Min. backen.

2 Die Paprika abtropfen lassen und in Stücke schneiden. Die Zwiebel schälen und in dünne Ringe schneiden. Das Hackfleisch mit Semmelbröseln und Tomatenmark verkneten und mit Salz, Pfeffer und Paprikapulver würzen. Die Masse in 8 Portionen teilen und zu ovalen Frikadellen formen. Den Käse in je 4 Stücke schneiden.

3 Die Ofentemperatur auf 220° erhöhen. Die Kartoffeln wenden und die Paprikastücke darauf verteilen. Die Frikadellen daraufsetzen, mit Zwiebel bestreuen. Mit dem Käse belegen und im Ofen (oben) in weiteren ca. 15 Min. fertig backen.

TIPP

Wie wär's mit einem Hauch mehr Exotik? Probieren Sie das Raclette doch mal mit Süßkartoffeln und würzen Sie das Hackfleisch zusätzlich mit Kreuzkümmel und Currypulver.

TEX-MEX-TORTILLA-WRAPS

Man braucht nicht viel für ein leckeres Essen: Die würzig gefüllten Röllchen »à la Chili sin Carne« schmecken sogar Fleischfans und sind supereasy gemacht!

200 g stückige Tomaten
5 EL Barbecue-Sauce
Salz
Cayennepfeffer
1 Dose Kidneybohnen (425 ml)
1 Dose Maiskörner (212 ml)
200 g Cheddar
8 Weizen-Mais-Tortillas (ca. 18 cm ∅; ca. 320 g)
150 g Eisbergsalat

Köstlich gewickelt

Für 4 Personen | 50 Min. Zubereitung
Pro Portion ca. 615 kcal, 26 g EW, 20 g F, 80 g KH

1 Den Backofen auf 220° vorheizen. Die Tomaten mit der Barbecue-Sauce verrühren und mit Salz und Cayennepfeffer würzen. Die Kidneybohnen abbrausen und abtropfen lassen. Den Mais abtropfen lassen. Den Käse grob reiben.

2 Ein Backblech mit Backpapier belegen. 2–3 Weizen-Tortillas nebeneinander darauflegen. Mit etwas Tomatensauce bestreichen, dabei jeweils rundherum einen 2–3 cm breiten Rand frei lassen. Etwas Kidneybohnen und Mais darauf verteilen und mit Salz und Cayennepfeffer würzen. Mit etwas Cheddar bestreuen und im Ofen (oben) 6–8 Min. überbacken.

3 Inzwischen den Eisbergsalat putzen, waschen, trocken schleudern und in schmale Streifen schneiden. Etwas Eisbergsalat auf die fertig gebackenen Tortillas streuen und diese aufrollen. Aus den übrigen Tortillas mit den restlichen Zutaten weitere Tex-Mex-Tortilla-Wraps backen.

VARIANTE

TURKEY-TORTILLA-WRAPS

250 g Putenbrust in schmale Streifen schneiden, in heißem Öl braun anbraten, mit Salz und Pfeffer würzen. Das Fleisch mit den Bohnen und dem Mais auf den Tortillas verteilen. Mit Käse überbacken und mit dem Salat aufrollen.

REGISTER

Damit Sie Rezepte mit bestimmten Zutaten noch schneller finden, sind in diesem Register auch beliebte Zutaten wie **Hähnchen** und **Kartoffeln** alphabetisch eingeordnet und hervorgehoben. Darunter finden Sie das Rezept Ihrer Wahl. Vegetarische Rezepte, die im Buch mit einem gekennzeichnet sind, sind hier grün abgesetzt.

A

B/C

C/D

E/F

G/H

I/J/K

L/M

Projektleitung: Sabine Sälzer
Lektorat: Bärbel Schermer
Korrektorat: Petra Bachmann
Innen- und Umschlaggestaltung: independent Medien-Design, Horst Moser, München
Herstellung: Mendy Willerich
Satz: Kösel, Krugzell
Reproduktion: Repro Ludwig, Zell am See
Druck und Bindung: Firmengruppe APPL, aprinta druck, Wemding
Syndication: www.seasons.agency
Printed in Germany

3. Auflage 2017
ISBN 978-3-8338-6162-8

www.facebook.com/gu.verlag

GRÄFE UND UNZER

Ein Unternehmen der
GANSKE VERLAGSGRUPPE

Der Autor

Volker Eggers, Koch und Diplom-Ökotrophologe, arbeitet als freier Food-Journalist in Hamburg. Er schätzt eine bodenständige und praktische Küche, die sich auch in seinen Rezepten in diesem Buch zeigt. Und er geht gern auf Reisen: Die Idee zu diesem Buch entstand auf Mallorca. Dort hat er aus frischem Gemüse und fangfrischem Fisch vom Markt seinen Freunden viele unkomplizierte Gerichte serviert – eben vom Blech aus dem Ofen.

Der Fotograf

Klaus Arras, Food-Fotograf in Köln, liegt die natürliche Atmosphäre bei seinen Aufnahmen besonders am Herzen. Für dieses Buch hat er **Katja Briol** (Foodstyling) und **Bettina Bormann** (Requisite) in sein Team geholt.

Bildnachweis

Autorenfoto: privat. Alle anderen Fotos: Klaus Arras

Titelrezept

BBQ-Blech (S. 23)

Umwelthinweis:
Dieses Buch ist auf PEFC-zertifiziertem Papier aus nachhaltiger Waldwirtschaft gedruckt.

QUALITÄTS G|U GARANTIE

Liebe Leserin, lieber Leser,

haben wir Ihre Erwartungen erfüllt? Sind Sie mit diesem Buch zufrieden? Haben Sie weitere Fragen zu diesem Thema? Wir freuen uns auf Ihre Rückmeldung, auf Lob, Kritik und Anregungen, damit wir für Sie immer besser werden können.

GRÄFE UND UNZER Verlag
Leserservice
Postfach 86 03 13
81630 München
E-Mail:
leserservice@graefe-und-unzer.de

Telefon: 00800 / 72 37 33 33*
Telefax: 00800 / 50 12 05 44*
Mo–Do: 9.00 – 17.00 Uhr
Fr: 9.00 – 16.00 Uhr
(gebührenfrei in D, A, CH)*

Ihr GRÄFE UND UNZER Verlag
Der erste Ratgeberverlag – seit 1722.

Backofenhinweis:
Die Backzeiten können je nach Herd variieren. Die Temperaturangaben in unseren Rezepten beziehen sich auf das Backen im Elektroherd mit Ober- und Unterhitze und können bei Gasherden oder Backen mit Umluft abweichen. Details entnehmen Sie bitte Ihrer Gebrauchsanweisung.

„Clever leben:
so einfach geht's!“
Melanie Wenzel
Expertin des „ARD-Buffet“,
Autorin, Heilpraktikerin
und nun auch Top-Expertin
der clever leben-Redaktion
Mein bester Ratgeber
Clever leben
NEU! NUR 1,95 €
mit QUICK-FINDER
LIEBLINGS-PASTA
DIE BESTEN TIPPS FÜR:
Jeden-Tag-Küche
Haushalt für Faule
einen schönen Balkon
Was Ihre Katze sagen will
BESSER ALS JEDE DIÄT
Raus aus der ZUCKER-FALLE
JETZT ERFORSCHT
ARTHROSE SELBST HEILEN
NUR BEI UNS
30 TOP-EXPERTEN beantworten Ihre Fragen
IN KOOPERATION MIT
GU
Jetzt neu im Handel!
Clever leben
Viele Tipps & Tricks der GU-Experten machen das Leben leichter.
Für alle Themen, die uns Frauen bewegen. Clever leben – Mein bester Ratgeber!

DARF'S WAS SÜSSES SEIN?

Na, Lust auf Dessert? Wie wär's denn mit einem leicht beschwipsten Crumble oder schokoladigem Knuspergebäck? Natürlich alles vom Blech ...

BIRNEN-CRUMBLE MIT SCHUSS

Für 4 Personen: 50 g Rosinen in 3 EL Rum einweichen und ca. 1 Std. marinieren. 4–5 Birnen waschen, schälen, vierteln, entkernen und in dicke Spalten schneiden. Mit 2 EL Zitronensaft in einer Schüssel mischen. Den Ofen auf 180° vorheizen. 100 g Marzipanrohmasse grob raspeln oder in kleine Stücke zupfen. Mit 125 g weicher Butter, 125 g Vollkorn-Weizenmehl, 100 g Schoko-Müsli, 40 g braunem Zucker, 1 Päckchen Vanillezucker und 1 Prise Salz von Hand zu Streuseln verkneten. Die Birnen und Rumrosinen abtropfen lassen und mittig auf ein mit Backpapier belegtes Backblech verteilen. Mit den Streuseln bestreuen. Im heißen Ofen (Mitte) in 15–20 Min. goldbraun backen. Dazu schmeckt Vanilleeis oder kalte Vanillesauce.

BANANEN-SCHOKO-COOKIES

Für 4 Personen: Den Ofen auf 180° vorheizen. 90 g Mehl mit je ¼ gestr. TL Natron und Backpulver mischen. 80 g Butter mit 20 g Zucker, 20 g braunem Zucker, 1 Prise Salz und 1 Eigelb (M) cremig rühren. Das Mehl und 2 EL gehackte Mandeln unterrühren. Aus dem Teig 4 Taler (ca. 10 cm ∅) formen. Auf ein mit Backpapier belegtes Blech geben. Im Ofen (Mitte) in ca. 10 Min. goldbraun backen. 2 Bananen schälen, schräg in Scheiben schneiden, auf die Cookies verteilen, mit 75 g gehackter Zartbitter-Kuvertüre bestreuen und alles weitere ca. 5 Min. backen. Die Kuvertüre mit einem Teelöffel verstreichen, die Cookies abkühlen lassen. 200 g Sahne steif schlagen, 2–3 EL Eierlikör unterziehen und zu den Cookies reichen.